Love & Wine.

le Temple de priape.

Les éléxicons.

HISTOIRE

GALANTE

DE LA

TOURIERE

DES

CARMELITES,

Ouvrage fait pour servir de Pendant
au Portier des Chartreux.

M. DCC. LXXIV.

LETTRE

De Monsieur T.... à Monsieur D...

NON, Monsieur, la Touriere des Carmelites, qui vous a couté tant de recherches inutiles, n'est point un être de raison : cet ouvrage fait pour servir de Pendant au Portier des Chartreux, existe depuis trois ou quatre ans; mais il n'est point sorti des mains de l'auteur, qui m'est fort connu. Il a pour titre : „ Sainte Nitouche „ ou la Touriere des Carmelites, „ Histoire veritable, écrite par „ elle-même, & adressée à la Sœur „ Geneviéve, Supérieure de la „ Maison de force à la Salpêtriere. Le Manuscrit que j'ai vû peut faire un petit in-douze. L'ouvrage est écrit purement & plus soutenu que Dom B. quoiqu'aussi libertin que ce dernier Livre, puifque c'eft proprement l'hiftoire d'un mauvais lieu, il n'y a pas un feul mot obcène ou groffier, je ne vous dirai rien de l'Auteur qui eft particuliérement mon ami, & dont la perfonne & le nom font un fecret inviolable pour moi, finon qu'il eft fort au-deffus de cette mifére, comme il l'appelle. C'eft une petite débauche d'efprit qu'il a faite pour fon propre amufement, & pour effayer, à ce qu'il m'a dit, jufqu'où l'on pouvoit porter la licence, fans ufer de termes licencieux : ce qui eft faire, à mon avis, la cenfure de tous nos Sotifiers modernes ; il n'a jamais eu deffein en compofant cet Ouvrage, je ne dis pas le publier (ce qu'il eft inutile d'attendre) mais feulement de le montrer, car ce n'eft pas fans beaucoup de peine qu'il m'en a fait la confidence, & que j'en ai obtenu la lecture. Il eft vrai que je l'ai lu chez lui tout à mon aife, à deux ou

trois reprifes ; mais ce n'eft que depuis un mois, qu'à force de perfé-
cutions, il m'a permis d'en faire
un Extrait que j'ai fait même fous
fes yeux, mais le plus ample que
j'ai pu. Comme il n'a rien exigé de
moi en m'abandonnant ce morceau,
je confens à vous en faire part, il
vous donnera du moins une idée
exacte de l'Ouvrage entier. Vous
en verrez le deffein , le génie, la
conduite ; vous pourrez même ju-
ger du ftyle & de la maniere d'é-
crire de l'Auteur, par quelques-uns
des principaux traits du Roman que
j'ai eu foin de repréfenter. J'ai
l'honneur, &c.

A Verfailles , ce....

EPITRE DÉDICATOIRE
A SŒUR GENEVIEVE
SUPERIEURE DE LA SALPETRIERE

Ma très-chère Sœur,

LES Vies édifiantes ne font pas toujours les plus utiles, il est bon d'a-
voir devant les yeux des modéles de
vertu pour les suivre ; mais il n'est pas
moins important de voir quelques tableaux du vice pour en concevoir l'horreur. Persuadée de ce principe, dont
j'ai l'experience, j'ai formé le projet le
plus singulier qui puisse entrer dans la
tête d'une fille, c'est d'écrire mon Histoire. Graces à la Providence, après
tous mes égaremens, je suis dans un
azile paisible, où j'ai tout le loisir qu'il
me faut pour repasser dans les vifs regrets
de mon cœur, tous les momens de ma
voluptueuse jeunesse. Dévouée autrefois
toute entiere aux sales plaisirs du Public,

& maintenant inutile au monde, j'ai
cru devoir travailler à son instruction:
je ne cacherai rien des circonstances de
ma vie, je veux me montrer telle que
j'ai été, & l'on verra mon ame toute
nue. Je rougirai sans doute moi même,
des excès que je vais décrire; mais je ne
dois point m'épargner cette confusion salutaire, & plus la peinture de ma vie
lubrique aura de force & de vérité, plus
je m'imagine la rendre utile, à moi pre-
miérement, & ensuite aux autres. Si
l'on trouve que je n'ai point assez ménagé
l'imagination des Lecteurs, j'ai du moins
respecté les yeux & les oreilles ; c'est
tout ce qu'on demande aujourd'hui &
pourvu que les objets soient voiles, la
gaze n'est jamais trop fine, même au
gré de notre sexe. Au surplus, il en
est de cette naive histoire, comme d'une
infinité d'autres livres, dont tout le
danger ne consiste que dans les disposi-
tions de ceux qui les lisent. Quant à
moi, dans l'état de pénitence où je suis,
je me devois cette espece de confession

publique. Je prie mes Lecteurs de l'entendre avec toute la simplicité d'intention que j'ai eue en l'écrivant, & c'est dans ce même esprit, ma chère Sœur, que j'ai pris la liberté de vous dédier cet Ecrit.

Je suis avec un profond respect,

Ma très-chère Sœur,

Votre très-humble, & très obéissante Servante;
AGNE's P....

HISTOIRE

HISTOIRE
GALANTE
DE LA TOURIERE
DES
CARMELITES,

Servant de Pendant au P. des C...

M A naiffance annonçoit ce que je ferois un jour, & ce que je fuis; je veux dire, mon goût pour le plaifir & ma vocation pour la retraite ; ma mere née de fort honnêtes gens, mais d'une

A

médiocre fortune , & la cadette de trois Sœurs , étoit fort jolie , & à l'âge de dix-sept ans ne songeoit à rien moins qu'à être Religieuse , lorsque des arrangements de famille la forcerent à prendre le voile chez les Ursulines de la Ville de N..... On ne consulta dans cette disposition ni son goût , ni son tempérament. Elle étoit extrêmement éveillée , & pour peu qu'on eut examiné sa complexion , tout protestoit contre la violence qu'on lui faisoit ; elle n'étoit même plus maîtresse de son penchant , & un jeune homme du voisinage possédoit entiérement un cœur tout profane , que l'on vouloit donner à Dieu malgré soi. On dévine aisément les suites de cet engagement forcé.

Sœur Radegonde eut une maladie de langueur , qui épuisa inutilement toute la science des Médecins , & qui la conduisit au bord du tombeau ; on ne savoit plus que lui faire , quand un Médecin de Paris s'avisa pour derniere ressource, d'ordonner les Eaux de Forges. On se porta d'autant plus volontiers à ne lui pas refuser ce secours, que la Prieure de la Maison , percluse d'une partie de son corps , étoit condamnée depuis long-temps à faire ce voyage.

L'Amant de Radegonde , qui avoit toujours entretenu un commerce de Lettres avec elle , en fut averti , & ne manqua pas de se trouver sur la route. Ils se virent à Forges tout à leur aise , & leurs fréquentes entrevues furent plus efficaces que les eaux : Sœur Radegonde se trouva guérie, & la Prieure vint reporter ses os au Couvent.

Ma mere (reprend l'Historienne)

qui n'avoit goûté avec Duvilli les premieres douceurs de l'amour, que pour les regretter plus vivement, crut être inconfolable de cette féparation, & rouloit mille projets de fortir du Couvent, lorfqu'elle y trouva un Confolateur plus énergique que fon Amant. Le Pere Arlot, vigoureux Mathurin, âgé de 40 ans, avoit fuccédé au Pere Colard, qui étoit hors de combat depuis un an. Bientôt il démêla la Sœur Radegonde, & lui connut du tempéramment, dont il réfolut de profiter. *Amour de Radegonde & de Mathurin.* Ma mere (continue la Touriere) ne s'en tint pas là. Le Jardinier de la Maifon, gros garçon très-ruftre, mais qui promettoit encore plus que le Pere Arlot, lui parut plus propre à remplir le vuide, que les befoins de quelques

(5)

autres Sœurs & la charité du bon Mathurin rendoient inévitables, & elle s'en
servit avec succès.

Je fus formée dans le cours de ces
divers incidens, car ma mere devint
grosse de moi six semaines après son
retour de Forges ; ensorte que la paternité est restée depuis indécise entre
Duvilli , le Pere Arlot & le Jardinier.
Quoi qu'il en soit, j'appartiens sûre_
ment à un des trois, à moins qu'on ne
me veuille donner trois peres : je ne
poursuis point la vie de ma mere, il ne
s'agit ici que de la mienne , &c. *Ac-
couchement de Sœur Radegonde.*On mit
l'enfant sur le compte de Mathurin, qui
se crut en conscience chargé de son sort,
& ajusta tout avec la Prieure.

» Agnès, c'est le nom de la Tou-
» riere, est mise à nourrice. Soins pa-

» ternels du Pere Arlot. Premiere édu-
» cation d'Agnès. A dix ans on trou-
» ve à propos de lui faire prendre l'air
» natal , & elle entre dans le Couvent
» de fa mere fur le pied de fa niéce.
» Portrait d'Agnès. »

La nature , dit-elle , m'avoit formée de la figure la plus trompeufe & la plus propre à cacher tous les excès du vice , fous l'apparence de la vertu. Un air de candeur & de modeftie , pour peu que j'euffe aidé , mon vifage, m'auroit fait paffer pour un Ange , & l'on m'appelloit Sainte Nitouche , nom que j'ai toujours retenu depuis , & je l'avouerai , le feul trait que j'aie confervé du Couvent.

La faute de ma mere étoit oublié , tout avoit été conduit dans un grand fecret , elle entra dans les emplois de la Maison , & j'y fus regardée comme une fille à qui on vouloit inspirer le goût du Cloître.

» Sainte Nitouche reste deux ans » dans l'habit séculier : elle entroit « dans sa treizieme année quand un in- » cident lui découvrit le secret de sa » naissance. Le Pere Ailot s'étoit re- » tiré, & s'étoit déchargé du soin de » sa fille sur la mere, qui étoit alors » Prieure. Nouvelle intrigue de Ra- » degonde avec le Chapelain de la » Maison, gros Séminariste, qui avoit » succédé au Mathurin. »

Je me défiois, dit la Touriere, de ce qu'elle alloit faire si souvent avec le Chapelain dans la salle des hôtes; & comme la curiosité n'a jamais été mon moindre défaut, je m'y cachai un jour, à dessein de l'épier, sous une table cou-

verte d'un grand tapis. La Prieure &
le Chapelain ne manquerent pas de s'y
rendre. Une Bergere des plus commodes étoit le théatre de leurs plaisirs.
Bientôt je vis le saint homme dans la
posture où le Prophete Elisée se mit
pour ressusciter l'enfant de la veuve.

Ménage-moi, cher ami, disoit-elle,
ne gâtons rien par notre imprudence,
il m'en a déjà coûté cher.... A ce mot,
le Chapelain s'arrêta, il voulut la faire
expliquer sur ce qu'il ne savoit déjà que
trop ; elle s'en défendit, & enfin elle
lui raconta sa foiblesse pour Duvilli,
& toute l'avanture de Forges. Elle
voulut poursuivre l'histoire de ses
amours avec le Pere Arlot ; le Chapelain avoit tout appris de ce Religieux
& la prévint, rappellant nombre d'a-
necdotes dont à peine elle se souvenoit.

Il ajouta qu'il lui avoit réfigné fa perfonne avec le Confeíſional ; mais le bon
Pere Arlot, reprit-il, étoit un peu ja-
loux de votre Jardinier, il me refte à
favoir ce qui s'eft paſſé entre vous. Vous
me devez la vérité à ce tribunal encore
plus qu'à l'autre.

Ma mere avoua à M. Adam l'ufage
qu'elle avoit fait du Mazette, & ils re-
prirent leur premier entretien. Ma mere
tout en exhortant le Prêtre à la réna-
ger, le fecouoit vivement ; fa bergere
s'agitoit, craquoit & plioit. M. Adam
voulut fe retirer; je vis dans ce moment
ma mere le ferrer vigoureufement &
former pour le retenir, une double
chaîne de fes bras paſſés à fon col, &
de fes jambes entrelaſſées dans les fien-
nes. Elle lui difoit d'une voix mouran-
te : mon cher, acheve.... Ah ! plus dou-

cement.... acheve donc , vite.... acheve avec moi.... Je ne fais point ce qu'acheva le Prêtre , du moins je l'ignorois alors. Je peins ce qui me donna les premieres idées de l'amour , je fis dans cette heureufe journée deux découvertes importantes , l'une que j'étois fille de la Prieure que j'avois prife jufques-là pour ma tante ; l'autre les moyens auxquels je devois ma naiffance.

Pendant cette fcene intéreffante j'étois prefque agitée des mêmes mouvemens que ma mere , du moins je n'en perdois aucun ; & rien fous mon tapis n'échappoit , ni à mes yeux ni à mes oreilles ; la pofture où je m'étois mife étoit un peu gênante , je voulus en prendre une plus commode , pour entendre la fuite de leurs entretiens ; & je fis , en me remuant , un bruit qui

effaroucha les amours & glaça nos
amans de frayeur. Ma mere tremblante
preſſa le Chapelain qui n'étoit pas plus
aſſuré qu'elle, d'aller regarder ſous la
table, & l'on découvrit l'embuſcade.
» Inquiétude & perplexité de Sœur
» Radegonde. Queſtions plaiſantes
» qu'elle fait à ſa fille, pour s'aſſurer
» de ce qu'elle avoit vu ou entendu.
» Réponſes naïves d'Agnès où l'on
» entrevoit pourtant un peu de ma-
» lice, ce qui donne lieu au Chape-
» lain de dire à la mère, entendez-
» vous, chere Eve, la petite maſque.
» Je gage qu'un pepin de la pomme
» dont nous avons goûté tant de fois,
» a déja germé dans ſon cœur. Em-
» barras de Radegonde ; incertaine
» du parti qu'elle doit prendre à l'é-
» gard de ſa fille. Après avoir bien

» raifonné fur cet incident , ils con-
» cluent à la mettre dans leur myf-
» tere ; & la reconnoiffance entre la
» fille & la mere fe fait dans toutes
» les regles de théatre. »

» Depuis ce tems , Agnès n'eft plus
» occupée qu'à chercher les moyens
» de faire à fon tour l'expérience des
» douceurs qu'elle a vu goûter à fa
» mere. » J'avois tout remarqué , dit-
elle , poftures , attitudes & mouvemens ; mais j'étois encore loin du but
& ma pénétration n'alloit pas jufqu'à
la différence des fexes ; Je couchais
quelque fois avec une fille à-peu-près
de mon âge , & il fuffit à des filles
de coucher enfemble pour être bientôt
inféparables. Une recrue de penfion-
naires nous mit à l'étroit pour quelques jours , & j'eus ma compagne de

couche. Je voulus effayer dès la premiere nuit ce que j'avois vu faire à
ma mere ; il m'avoit paru que les
impreffions du plaifir étoient les plus
vives chez elle , fans faire la diftinc-
tion de l'agent ou du patient , je fis
mettre ma bonne amie à-peu-près dans
l'attitude où étoit le Prêtre & je con-
trefis de mon mieux ma mere. Mais
après nous être inutilement échauffées
pendant plus d'une heure , fans avoir
fu même nous procurer les plaifirs
que deux femmes peuvent fe donner.
Le peu de fuccès de notre entreprife
& les réflexions qu'il nous donna lieu
de faire , vinrent m'éclaircir fur ma
fottife... Il y avoit un petit garçon
attaché depuis fix mois à la maifon ,
pour faire les commiffions de la Ville
& qui avoit fes entrées libres dans la
clôture.

Le petit Michel, c'eſt ſon nom, venoit d'être habillé aſſez proprement ; il avoit la tête jolie, & quoi qu'il ne parut qu'un enfant à cauſe de ſa petiteſſe, il avoit au moins 15 à 16 ans.

Ce fut ſur ce champion que je jettai les yeux, pour tirer de lui les ſervices que M. Adam rendoit à ma mere. Sa jeuneſſe ne m'empêchoit point de penſer qu'il n'eut auſſi bien qu'un homme fait, tous les avantages de ſon ſexe, & c'eſt tout ce que je demandois. Il alloit & venoit librement par tout ; c'étoit à moi à ménager le moment de nous trouver ſeuls, & je l'eus bientôt trouvé.

» Avance d'Agnès au petit Michel,
» qu'elle tâche d'inſtruire : elle le fait
» bander, & il la ratte après deux ou

» trois tentatives. Enfin à force d'ef-
» fayer toutes fortes d'attitudes, il
» vient à bout de la dépuceler. (Cette
» defcription trop longue pour être
» tranfcrite, eft un des plus forts
» morceaux de l'ouvrage) Embarras
» du petit Michel, à la vue du fang
» qui a été répandu dans le combat :
» ils fe mettent tous deux à pleurer.

» Ce coup d'effai leur avoit trop
» bien réuffi pour en refter là ; leurs
» entrevues deviennent fréquentes &
» bientôt ils fe voyent avec fi peu de
» précaution qu'ils font un jour fur-
» pris par la Dépofitaire. Portrait de
» cette vieille Religieufe qui n'avoit
» pas toujours été irréprochable, &
» qui avoit fait même un enfant. Ré-
» cit plaifant qu'elle fait de cette dé-
» couverte à la Supérieure qui recon-

» noit fon fang, dit l'Hiftorienne. La
« Prieure fait venir fa fille & le pe-
» tit Michel, & après les avoir in-
» terrogés fur faits & articles, défend
» au dernier l'entrée de la clôture.
» Nos jeunes Amans trouvent le fe-
» cret de fe voir par le tour de la
» Sacriftie, & enfin ils s'en donnent
» tant, que le petit Michel tombe
» malade. Situation d'Agnès : on at-
» tribue fa maladie à leur féparation,
» & la bonne Prieure confent à lui
» faire voir fa chère Agnès. Effets de
» cette vue fur ces jeunes Amans. Le
» petit Michel guérit & Agnès éprou-
» ve les premiers fymptomes d'une
» autre maladie, qui eft le fruit de
» la fienne. La Prieure s'apperçoit de
» fa groffeffe & ne l'a pas plutôt vé-
» rifiée, qu'elle chaffe le faifeur d'enfant

» fant. L'enflure d'Agnès parvenue au
» point de ne pouvoir plus se cacher,
» malgré toutes les précautions de sa
» mere, elle est mise en pension chez
» une sage-femme & elle accouche sé-
» crettement. Un jeune chirurgien,
» neveu de la Matronne, découvre &
» voit par hazard Agnès, ils prennent
» bientôt l'un pour l'autre, & Agnés,
» avant d'être relevée, a de nouveaux
» gages de fécondité, qu'elle ignore :
» la voilà bien rétablie en apparence
» & réhabillitée fille, à ce qu'elle
» croyoit ; car la foiblesse qu'elle avoit
» eue pour ce nouvel amant ne lui pa-
» roissoit pas tirer à conséquence dans
» les suites d'une couche & le jeune
» Chirurgien en homme du métier,
» l'avoit bien rassurée sur cela. La
» Prieure juge à propos de la faire

B

» revenir au Couvent & de lui faire
» prendre le voile , bien réfolue de
» l'obferver fi bien , que fi elle avoit
» du tempéramment , elle n'auroit
» jamais les moyens de le fatisfaire ,
» c'étoit le feul parti qu'il y avoit à
» à prendre ; car abandonnée à fes foins,
» qu'en eut-elle fait dans le monde,
» n'ayant d'autre patrimoine à lui don-
» ner que fa guimpe & une vocation
» des plus équivoques. Au bout de
» deux mois de clôture , Agnés re-
» tombe au même état que l'avoit mis
» le petit Michel. Inquiétude & per-
» plexité de la bonne Prieure , qui s'en
» apperçoit au premier fymptôme , &
» qui ne fauroit concevoir comment ,
» avec toutes les précautions qu'elle a
» prifes , fa fille a pû tâter une feconde
» fois du fruit défendu. Elle lui donne

» à ce sujet la question , elle lui fait
» avouer enfin , que cette nouvelle
» grosseffe eft le fruit du féjour qu'elle
» a fait chez la fage femme , & qu'un
» fien neveu a fait ce miracle. Le cas
» devenoit plus embarraffant que la
» premiere fois, à caufe du voile, mais
» Agnès heureufement n'étoit que no-
» vice : on feint que dégoûtée du cou-
» vent, elle demande de rentrer dans
» le monde, & on la remet chez la
» fage-femme , qui avoit pris la pré-
» caution d'envoyer fon neveu faire
» des enfans à Paris. Agnes accouché;
» & bien ducment relevée , fa mere
» ne fachant plus qu'en faire l'adreffe à
» Paris comme une Orpheline , à une
» tante fort dévote , qu'elle charge tout
» à la fois de fa fortune & de fa con-
» duite. Agnès eft reçue par la tante

» & mife entre les mains de fa femme
» de chambre pour lui être fubordonnée
» & fe mettre en état de lui fuccéder
» un jour. Dégoût d'Agnés pour une
» condition qui lui paroît d'autant plus
» dure, qu'elle envifage dans fa maî-
» treffe une parente dont elle ne peut
» fe faire avouer. Ces fentimens d'élé-
» vation font bientôt étouffés par une
» paffion dominante: elle devient amou-
» reufe du petit Laquais de la Maifon
» & devient groffe pour la troifieme
» fois. La grande Tante s'en étant
» apperçue, écrit à fa Niéce, dans le
» deffein de lui renvoyer Agnès. Une
» telle fécondité fait frémir fa mere,
» mais indulgente pour fon fang, à
» force de prieres, elle obtint de fa
» Tante de ne point abandonner Agnès
» pour cet accident.

» La bonne Tante touchée du fort

» de cette Orpheline, la fait accoucher
» hors de chez elle, & aussi tôt qu'elle
» est rétablie, elle la met en appren-
» tissage chez une Lingere du Palais,
» en lui recommandant bien de veiller
» sur sa conduite. » Dès que je parus
» au Palais (dit l'Historienne) j'em-
portai tous les cœurs & tous les suf-
frages ; on abandonna toutes les autres
filles, & je devins l'objet des agaceries
de tous les fureteurs galants, que la
chicane ou la curiosité y attire. J'étois
placée pour l'étalage, au milieu d'une
brillante boutique : gens de robe &
d'épée alloient & venoient continuelle-
ment pour reconnoître la place, & Dieu
sait comment j'étois lorgnée. Un jeune
& galant clerc eut l'honneur de m'ima-
triculer au Palais & me fit faire mes premieres armes ; mais notre commerce

B iij

dura peu. La Lingere qui avoit été un peu trop facile, vieille alors, étoit sévère à propotion, & nous puniſſoit, trois filles que nous étions à-peu près du même âge, d'être plus jeunes qu'elle. Je fus inſtruite dès le ſecond ou le troiſiéme jour, de toute ſa vie, par une de mes compagnes, qui la ſavoit par tradition de celle qu'elle avoir remplacée : cette derniere l'avoit appriſe de ſon ancienne. Notre pédente avoit été célébre dans tous les ordres. La nobleſſe, le clergé, la robe & les tiers état, avoient partagé les momens d'une jeuneſſe utilement employée & prolongée même au delà des bornes ordinaires. Toute ſon auſtérité ne m'empêcha pas de pouſſer aſſez loin dans la Cléricature, & je mis toute la Baſoche à contribution. Plus je ſervois l'amour, plus il me sembloit me récompenser de mon culte par de nouveaux charmes : trois couches qui s'étoient suivies de si près, n'avoient fait que m'embélir. La Lingere, malgré ses scrupules, avoit été jusqu'alors assez indulgente & avoit passé sur toutes mes dissipations ; mais je gardai si peu de mesures, que pour réprimer ma coquetterie, elle résolut de me confiner pour quelques-temps au magasin. Je ne sai si elle ne me traitoit point en rivale, du moins c'est l'esprit de toutes les vieilles femmes qui ont été galantes. Celle-ci de plus, étoit un peu dévote ; qualité qui acheve le ridicule : me voilà donc condamnée au bout de deux mois, à l'obscurité du magasin. Les soupirans disparurent en même-temps la boutique devint déserte, & le débit se ressentit de mon éclipſe. L'intérêt fit ouvrir les yeux à ma Maîtreſſe , quoique bornée aux clercs , j'attirois toujours quelqu'emplette. Elle compta donc avec elle-même , & s'appercevant de ſa ſolitude , elle réſolut de me rendre au ſpectacle , ſauf tout ce qui en pourroit arriver.

Je parus après cette petite retraite , qui n'avoit ſervi qu'à me rendre plus piquante & plus jolie que jamais. Du jour que je fus réintégrée , (paſſez-moi ce mot , ma chere mere , je parle le langage du pays) du jour donc que je repris ma place , la boutique ne déſemplit point ; les jeunes avocats y vinrent en foule , & firent bientôt déſerter les clercs. Aux avocats ſuccéderent les ſénateurs. Et déja lorgnée par un préſident , j'allois m'élever à la haute robe , lorſqu'un vieux pillier du palais , doyen

de tous les intendans du monde, me fit
de folides propofitions & m'offrit de
me mettre dans mes meubles, j'acceptai
fans balancer le parti, le nom de fille
entretenue me revenoit beaucoup, je
me faifois une agréable idée de cette
condition ; ainfi je quittai fans regret ma
Lingere, & je renonçai à tous les hon-
neurs que le palais m'offroit en perfpec-
tive, pour avoir le plaifir de plumer ce
paillard, qui en avoit tant plumé
d'autres.

» Agnès vit environ fix mois en affez
» bonne intelligence avec l'intendant,
» & pour fon premier coup d'effai le
» méne grand trein, la fille de théatre
» la plus expérimentée n'auroit pas
» mieux fait. » Il eft vrai, dit-elle, que
par moi-même j'aurois eu affez de peine
à réuffir auffi bien que je fis, & que je

profitai bien des lumieres d'un Gendarme que j'avois pris pour Amant, &
avec qui je partageois , les libéralités
de son vieux rival.

» L'intrigue d'Agnés avec le Gen-
» darme est découverte par l'Intendant,
» il médite de la quitter & de lui re-
» prendre tout ce qu'il lui a donné.
» Instruite de son dessein par le Tapis-
» sier qu'elle avoit mis dans ses intérêts,
» elle le prévient, & plie la toilette;
» elle change de quartiers & de nom ,
» & s'établit avec son Gendarme. Ils
» vivent assez paisiblement tant que
» leurs fonds durent; mais malheu-
» reusement le Gendarme jouoit un peu
» & buvoit baucoup : Agnès de son
» côté aimoit la dépense. Deux mois
» virent la fin de leur caisse & de leur
» bonne intelligence. Les meubles &

» les nippes furent vendues peu-à-peu
» pour subsister , & la brouillerie en-
» tre ces Amans s'introduisit dans leur
» ménage avec la misere.

» Agnès réduite à une seule robe ,
» & retombée dans un état pire que
» celui d'où l'avoit tiré l'Intendant, est
» obligé d'abandonner le Gendarme.
» Conseils désintéressés qu'il lui donne
» en la quittaut , comme de ne s'atta-
» cher à personne , de bien piller tout
» ce qui tombera dans ses mains , & se
» mettre au-dessus des foiblesses dont
» il avoit tant profité lui-même.

» Agnès qui se trouve toute nuë
» n'étoit malheureusement pas en état
» de profiter de ces utiles avis , elle ne
» connoissoit point encore de ces fem-
» mes commodes qui retirent charita-
» blement les filles qui sont sans feu ni

» lieu , comme elle étoit alors. Que
» faire dans cette extrêmité ? La profeſ-
» ſion de Lingere lui avoit réuſſi ; elle
» trouva moyen d'entrer chez une
» groſſe marchande de modes , rue St.
» Honoré , où il y avoit un régiment
» de fille. » La venoit en foule , dit-
elle , vieux milans , blanc bec , jeunes
étourneaux , tous les oiſeaux de proye
du quartier ; mais quoique dans le plan
de vie que je m'étois fait mon tempérament y entra pour beaucoup , je com-
mençois à être intéreſſée , & la miſere
où je m'étois vue me faiſoit ſentir le prix
de l'argent que l'abondence fait ignorer.
Je me laiſſois moins prendre des yeux ,
& mon point de vue étoit de fixer quelque honnête-homme d'un âge mur , de
ces gens faits pour être dupes des femmes , & non de ces aimables trom-

peurs, dont la plûpart des femmes font
dupes. Je couchai en joue un gros Caif-
fier, qui approchoit de foixante ans &
qui venoit tous les jours chez nous ache-
ter quelque galanterie pour avoir lieu
de m'entretenir : il me fit quelques propofitions, mais je fis trop la réfervée,
ou je marchandai trop avec lui : le papa
n'aimoit point à foupiter long-temps,
une de mes camarades fut bien à propos faifir un moment de dépit, & me
l'enleva. Cet incident me corrigea bien,
& me fit tomber dans une extrémité
contraire. J'étois toujours comme à l'af-
fut, & j'outrai tellement la coquetterie,
que ma trop grande facilité écarta nombre de gens qui paroiffoient m'en vouloir. On me crut plus d'expérience que
je n'en avois, & tout ce que je gagnai
dans cette boutique après deux mois

d'attente & d'agaceries, fut de mettre
aux champs quelques apparcilleufes q i
me jugerent propre à rétablir leur commerce. Deux des plus célébr s entr'autres, fe difputerent mon acquifition &
voulurent me dérober aux yeux du public pour me mettre en détail à contribution. Elles me firent chacune à part
leur propofition, & je paffai fous la dif-
cipline de celle qui me perfuada e mieux.

Ici commence, ma chere Sœur, le
tiffu malheureux d'une vie dont vous
avez chez vous mille tableaux vivans.

» Voilà Agnès initiée & femme du
» monde. L'honnéte femme qui la pro-
» duifoit eut foin de fon ajuftement,
» qui n'étoit point en trop bon état :
» on ne lui laiffoit point voir de jeunes
» gens, on l'annonçoit myftérieufe-
» ment fous la qualité d'une jeune

» femme qui trompoit la vigilence de
» fon mari. Bientôt fous ce nouveau
» perfonnage elle fut extrêmement em-
» ployée , & fit couler l'or abondam-
» ment chez la Patronne. »

Quelle vie , ma chere Sœur, s'écria-
t-elle ici ! Quelle agréable condition !
Objet de nouveaux feux qu'on éteint
& que l'on rallume fans ceffe , les plaifirs de la table & ceux de l'amour fe
fuccédent ou fe confondent vingt fois
par jour. Quel état charmant, s'il étoit
durable ! Comme j'avois le corps extrêmement beau , j'étois continuelle-
ment expofée à tous les caprices de
l'imagination , à tous les rafinemens de
la volupté & j'épuifai bien-tôt tous les
crayons de Clinchetel.

Je me fouviens d'un gros prieur , qui
pour foulager fon embonpoint monf-

* treux , s'étoit avisé de cet expédient. *

trait Il me faisoit coucher toute nue sur un lit

de   de sangle dans ma posture naturelle ;

Pétrone deux filles des plus souples qu'on pouvoit trouver se mettoient sous le lit , &
par secousses réitérées de leur dos , nous
donnoient une élasticité merveilleuse.

  » Mais il n'est point de plaisirs purs,
» & la vie la plus voluptueuse est tou-
» jours mêlée de quelques disgraces.

  » Un jour cinq Mousquetoires entre
» deux vins , vinrent fondre dans le
» réduit d'Agnès. Je tenois , dit-elle ,
un petit traitant , dont par des caresses
forcées , j'achevois de vuider la bourse.
Un parti d'Hussards qui surprend un
couvent de Religieuses , ne leur cause
guères plus d'allarmes , que cette jeunesse mutine en donne aux femmes de
notre profession. Le traitant , homme

pacifique

pacifique & mur , voulut se retirer sur le champ. Un Mousquetaire le prit par le bras & lui dit : que loin de vouloir troubler ses plaisirs ils étoient venus pour les partager & qu'enfin , ils vouloient boire avec lui. Le bourgeois les laissa maîtres du champ de bataille , & fit prudemment sa retraite. Voilà nos étourdis en possession de la place. Comme il étoit tard & qu'en ce moment j'étois seule avec la Patronne , je fus seule à la merci de leur pétulence. Ils firent venir force vin pour s'achever & je fus bientôt en bute à leur fougue. Trois des plus échauffés me saisirent , & m'ayant fait mettre toute nuë sur un lit , se partageoient ainsi leurs postes ; l'un , suivant les expressions de ces libertins , étoient par devant à la sappe , l'autre qui travailloit , par derriere ,

C

attachoit le mineur à la place , & le troisiéme qui instrumentoit dans ma bouche , le contre-minoit ; un quatriéme battoit la mesure pour régler leurs mouvemens , de façon que les trois décharges se firent en mêmes-tems : & bientôt je fus inondée de la séve qui fermentoit chez eux depuis les pieds jusqu'à la tête.

Ce nouveau genre de débauche me donna quelque goût pour les plaisirs recherchés. J'imaginai depuis plusieurs attitudes qui m'ont fait quelque honneur dans le monde & que je n'ai point la vanité de décrire ici.

Tout alloit bien jusques là , quand nos Mousquetaires à force de boire s'acheverent si bien , que la nuit étant avancée , il ne fut plus possible de s'en défaire. L'un d'eux yvre mort tombe

en vomiſſant au milieu de la chambre
& ſans pouvoir ſe relever ; s'endort,
nageant dans les flots de vin : un autre
en lutinant à terre la Patronne qu'il vouloit dépuceler, diſoit il, fut auſſi ſurpris
du ſomeil : un troiſiéme répandu ſur
une Bergere ronfloit de tout ſon cœur
le verre à la main, inondé du vin qui
diſtilloit ſur lui : un quatriéme après
s'être échaffaudé ſur moi, s'endort ſur le
métier où il 'étoit ſi bien incruſté, que
j'eus toutes les peines du monde à le
déſarçonner ; enfin le cinquiéme enyvré
des camouflets qu'il avoit donnés à ſes
camarades s'endormit à ſon tour ſur la
table. Repréſentez-vous s'il ſe peut, ce
coup d'œil, digne du crayon de la
Fage. Pour la Patronne & moi nous
paſſammes la nuit tantôt à peſter contre
les Mouſquetaires & tantôt à rire de

leur figure. Le jour vint , & le diſtri-
buteur de camouflets, qui fut le premier
éveillé , ſonna la boute-ſelle , en met-
tant tout ſans deſſus deſſous. Ses camarades ſe leverent ; mais auſſi tôt qu'ils
aperçurent leurs habits & leurs cha-
peaux qui trainoient parmis les débris
de leur ſouper , cette vue les mit de
très-mauvaiſe humeur ; je ne pus retenir
un ris indiſcret que cet affreux tableaux
m'arracha & je fus payée ſur le champ
d'un énorme ſoufflet.

La maîtreſſe du logis voulut leur re-
préſenter doucement le ſcandale de cette
impoliteſſe , & en reçut deux ou trois
pour ſa part. C'étoit une Picarde vive,
très-peu docile & aguérite à de pareilles
ſcene. Elle ne voulut pas reſter ſans ré-
plique , & ſe ſaiſit auſſi-tôt d'une chaiſe
pour la jetter au ſouffleteur. Ce mou-

vement les souleva tous. Bientôt les glaces, le lit, la commode, la table & les chaifes furent en canelle. Je me mis imprudemment à crier par une fenêtre ; le guet qui fe retiroit alors accourut au bruit, force la porte & monte: on prie poliment nos cinq Moufquetaires de vouloir bien fe retirer pour fe repofer des fatigues de la nuit, & l'on nous mena chez le Commiffaire. Il nous envoya à Saint Martin, & peu de jours après nous fommes conduites dans votre Communauté. Voilà, ma chere Sœur, l'époque de notre connoiffance. Je fus de cette premiere fois trois mois en affez bonne compagnie dans votre Maifon & je profitai bien de cette retraite. Je m'étois bien promis de changer tout mon plan de vie, mais réfolution frivole. De quel changement étois-

je capable ? Accoutumée, comme j'étois
aux douceurs d'une vie oisive & voluptueuse , les disgraces qui l'accompa-
gnoient ne m'effrayoient plus par l'expérience que j'en avois faite , & je sortis
enfin de chez vous plus corrompue
qu'auparavant.

    » Agnès avant de sortir de la salpé-
» triere , étoit arrhée par trois célébres
» appareilleuses qu'elle y avoit trou-
» vées. Elle rentre dans le monde &
» va s'établir au Faubourg S. Germain;
» sa vie publique pendant cinq mois ,
» succession de misere & de prospérité.
» Tantôt bien élevée au-dessus de sa con-
» dition , tantôt rabaissée aux laquais ,
» elle parcourt sous différents noms ,
» dont elle changeoit comme de gîte ,
» tous les réduits galans du Faubourg ,
» comme un écolier que le goût passager

» du cloître jette dans un froc, vole
» de Couvent en Couvent sans fixer
» son inconstance. » Il ne m'arrive pendant tout ce tems, continue Agnès,
que les petites aubaines ordinaires insé-
parables de notre commerce. Mais à
force de prodiguer mes faveurs, je con-
tractai la lépre contagieuse que toutes
les eaux du Jourdain ne sauroient laver;
au reste je l'avois bien mérité ; car si
grand nombre de mes semblables qui
gémissoient de leur état, ne continuoient
que par nécessité ou par habitude, le
tempéramment m'emportoit, je n'ai
jamais vû un homme bien conformé
sans ressentir de vives impressions ; &
le nombre, au défaut du choix, remplis-
soit toujours agréablement mon cœur.
Il falloit que la nature m'eût douée d'un
merveilleux fond de sentiment, pour

qu'il ne fut point encore émoussé ,
comme je le remarquois dans bi-n des
filles, qui beaucoup plus jeunes que moi,
avoient aussi bien moins de service.

Un jour dans un célébre attelier où
j'étois établie de la veille, il vint un
homme bien mis de bonne mine qui
après avoir passé en revue toute la communauté , s'arrêta à me considérer avec
une sorte de surprise. J'eus le mouchoir,
& quand nous fûmes seuls , il me fit
cent questions sur ma naissance , mon
état , mon pays. Je crus que c'étoit un
entreteneur , comme nous appellons ces
Messieurs , & je lui dis sur ce fonde-
ment tous les mensonges qui pouvoient
m'être utiles , sans lui cacher les vérités
dont je crus tirer quelque avantage. Il
me fit entre autres une question qui
m'embarrassa ; il me demanda si je n'a-

vois point une Tante Religieuse en province ; je crus me donner quelque considération , en lui confeſſant que j'avois en effet une Tante Urſeline à N... à laquelle je reſſemblois beaucoup. Il m'en demanda des nouvell s , je ne ſus que lui répondre & je me mis à pleurer. Il ajouta qu'il l'avoit connuë dans ſa jeuneſſe & qu'ils s'étoient rencontrés aux eaux de Forges dans les commencemens de ſa profeſſion. Je l'enviſageai mieux ſur cette ouverture , je me rappellai Duvilly & toute la converſation de ma mere avec le Chapelain.

Ce commencement de connoiſſance quoique mal éclairci de ma part , lui donnoit quelque goût pour moi : il voulut coucher au logis , & donna ſes ordres pour le ſouper. Mille ſcrupules

alors vinrent m'agiter ; je fus extrêmement triste à la table, malgré les caresses
& la gaieté de chaque convive L'in-
certitude de mon origine à laquelle il
avoit bonne part & l'idée de la paternité
que mon cœur lui déféroit, pourtant
avec une secrette satisfaction, empoi-
sonnoit d'avance toutes les douceurs
que sa figure me promettoit ; il falut
terminer l'aventure. Je me couchai fort
irrésolue sur le parti que j'avois à prendre, & j'étois prête à mettre un frein
à ses brulans désirs, quand mon cruel
tempérament vint à son secours. A peine
eus-je senti ses approches, que j'allai
au-devant de ses transports, je l'embras-
sois avec une fureur que je n'ai jamais
sentie. Si la nature me fit alors éprouver
quelques mouvemens, ils se confondi-
rent dans ceux de l'amour. Et (je les dis

avec horreur) peut-être hélas ! ne firent ils qu'en augmenter la vivacité. Il faifoit chaud, nous nous mimes tous nuds. Que mon cher pere étoit aimable, s'il eft poffible que ce fut mon pere ; il baifa mille fois toutes les parties de mon corps, & mille fois ma bouche parcourut le fien. Pardonnez moi ma fœur ; un peu de foibleffe, encore quelque coups de crayon. Je ne faurois peindre trop vivement un crime dont je dois fans ceffe rougir. O Mirrha ! quelque idée que nous donne la fable de votre emportement pour le beau Cynnire, il ne pouvoit approcher du mien. Après m'être plongée dans un torrent de délices, des remords importuns fuccéderent. Hélas ! pour le plaifir que me donnoit Duvilly, je lui faifois un préfent bien funefte, le venin couloit avec le miel. Je lui préparois fur un lit de rofes de cruelles épines, & le poifon que je diftillois faifoit des impreffions d'autant plus profondes, qu'il étoit affaifonné par un plaifir plus vif. La nuit, qui fut courte, fut bien employée, un léger affoupiffement amena le jour. Duvilly fut alerte de grand matin & preffé de fe retirer, m'embraffoit pour me dire adieu, lorfqu'il me vint une idée fingu-liere. Je me fis d'une robe d'étamine que portoit une de mes compagnes, un habit de religieufe, j'y ajoutai la guimpe & le voile, & dans cet état, fautant à fon col, je le ferrai amoureufement dans mes bras. Il me trouva jolie fous cette mafcarade, & frappé plus vive-ment encore que la veille, de la reffem-blance qu'il me trouvoit avec ma mere, je vis avec un fecret plaifir, tout l'effet que eette idée fit fur lui. Je voulois que fous cet habillement , il me donna les derniers gages de fon amour , il me parut reculer d'horreur. Je me précipitai fur lui , & l'ayant entraîné fur le lit à force de careffes , je l'amainai à mon but. Je goutai dans ce moment , à ce qu'il me fembla, encore plus de plaifir que la nuit , & je m'aperçus que fon imagination l'avoit admirablement fervi. Nous nous féparames très-contens l'un de l'autre , avec promeffe de renouer la partie. Je ne fai pas quelles auroient été les fuites de cette avanture ; mais je fus enlevée deux jours après par ordre du Roi.

» Un jeune homme de 15 à 16 ans ,
» fils d'un homme d'affaires , qui avoit
» vû Agnès trois ou quatre fois , &
» avec qui elle avoit partagé les fruits
» de fes amoureux travaux , fut obligé

» de confesser à sa famille d'où lui ve-
» noit cette aubaine ; & ayant bien dé-
» signé le nom, la demeure & la pro-
» fession d'Agnès, on obtint un ordre
» du Roi pour la faire mettre à l'Hô-
» pital. » Cependant comme dans l'état
où j'étois, dit-elle, avant de respirer
l'air de ce salutaire séjour, il faut, passer
par la piscine probatique, on m'envoya
préalablement à Bissêtre. Peinture af-
freuse de cette maison. Description des
suites de la vérole. Dans tous les incidens de ma vie, continue Agnès, je
n'avois point encore fait de réflexions ;
mais combien ne déplorerais-je point
mon état, quand je me vis confondue
sous l'arche, avec les plus viles prosti-
tuées. Je leur vis payer le tribut amer
des plaisirs qu'elles avoient donnés, la
plûpart sans les partager comme je fai-

fois , & peut-être étois-je la plus cou-
pable ou la plus juftement punie. » Au
» fortir de Biffetre , où elle eft trois
» mois , Agnès eft remife à la Salpé-
» triere , quoiqu'elle y fut en pays de
» connoiffance , elle s'y déplait encore
» plus que la premiere fois & prend une
» férieufe réfolution de changer de vie.

» Le temps de fa pénitence expiré , elle
» cherche les moyens d'entrer parmi les
» Sœurs Grifes , elle en vient à bout &
» prend l'habit.

» Pendant fix mois de féjour dans
» cette communauté , elle fe lie avec
» une Sœur fort aimable , qui étoit
» bâtarde de la Fillon ; bientôt elles
» devient amans & maitreffes. La der-
» niere la fortifie dans l'éloignement
» où elle femble être alors pour tous
» les hommes en général , & dans la

» fuite du monde, (conversations à ce
» sujet, où l'on voit un mélange de dé-
» votions & de libertinage.)

» Agnès devenue Tribade & Tribade
» outrée, croit avoir entiérement oublié
» les hommes, quand un jeune Prêtre
» qu'on lui donne pour confesseur, de-
» vient amoureux d'elle. Leurs fréquentes entrevues au confessional lui redonne
insensiblement du goût pour notre sexe,
elle se réfroidit de jour en jour pour sa
compagne, & ayant confié sa foiblesse
au Prêtre, il achéve bientôt sa conver-
sion. Ce nouvel amant en homme expé-
rimenté, craignant une rechute, lui fait
quitter les Sœurs grifes ; & la met en
chambre : ils vivent assez paisiblement
quelques mois ensemble : elle ne voyoit
que des dévotes & elle l'étoit elle-même.
Ces liaisons la conduisent à faire con-

noissance

noiſſance avec les convulſionniſtes. Une
petite Veuve , initiée depuis ſix mois ,
affectionne Agnès ; ſon Directeur mal-
heureuſement étoit Moliniſte , la convulſionnaire entreprend de la détacher
& en vient about : elle lui donne un
Amant janſéniſte , & bientôt elle devient convulſionnaire elle-même.

Digreſſions plaiſantes ſur les convul-
ſions , deſcriptions de quelques ſcenes
où elle ſervent de voile au libertinage ;
Agnès ſe rend célébre ſous le nom de
Sœur Pétronille. Avanture qui lui arrive. On vient pour l'arrêter , elle ſe
ſauve. Cet incident joint au diſcrédit où
ſont tombées les convulſionniſtes, la dé-
goûte de ce genre de vie , elle prend la
réſolution de ſe rendre au monde & de
rentrer dans la carriere. Elle quitte ſon
Amant janſéniſte , & déménage ſans

trompette. Elle s'affocie avec une ancienne amie de College, & elle ou-
vrent boutique à frais communs. Les
commencemens de leur commerce ne
font pas brillans, il fallut fe borner
d'abord à la Livree, mais on s'éleva
peu à peu jufqu'au Bourgeois. Elle
erre ainfi fous différens noms dans les
quartiers les plus vivans de Paris, chan-
geant tous les deux ou trois mois de
logis, enfin ayant pris le goût & l'efprit
du commerce, elle fe fépare de fon af-
fociée, dans le deffein de lever elle-
même une boutique, & de travailler
pour fon compte. Elle fe meuble con-
venablement de l'argent qu'elle avoit
amaffé, & s'établit. Sa réputation &
fa bonne conduite lui firent en peu de
temps une brillante maifon. Elle avoit
fept à huit filles du premier ordre pour

la jeuneſſe & la beauté ; ſans compter les femmes mariées qui venoient travailler chez elle. Elle avoit eu ſoin de s'abonner avec le Commiſſaire du quartier, qui étoit ſon penſionnaire & deux Exempts, qui avoient leur franc ſalé chez elle, étayoient de leur appui celui de l'Enquêteur. J'avois mis, dit-elle, une police admirable chez moi, j'avois de petits appartemens très-commodes, cabinets, dégagemens, eſcaliers dérobés, rien ne manquoit.

Je recevois peu de militaires & de jeunes gens, ſi ce n'étoit quelques enfans de Finance, donc la ſageſſe m'étoit connue ; mais beaucoup de Robins ou gens du Palais, de bons peres de familles & de gros Marchands. J'avois ſur tout force eccléſiaſtiques, c'eſt-à-dire, peu ou point de ſéminariſtes, car

D ij

ils font prefque auffi mutins que des Moufquetaires ; mais de bons prieurs & nombre de chanoines : quant aux moines , je recevois peu de Cordeliers (ils font tapageurs) mais des Jacobins , des Prémontrés , des Victorins , des Céleftins , &c.

Je fourniffois encore quelques Fermiers-Généraux & une bonne partie de nos Seigneurs du Clergé. Oh ! que de pucelages vendus , refaits & payés encore plus chers la dixieme fois que la premiere. Combien de filles , après dix ans de fervice , données & employées pour neuves ; j'aurois fait paffer une furie pour un morceau de prince ! Que des femmes mariées dont le goût pour les plaifirs commodes , contribuoit encore à groffir le tribut que je tirois du public & qui après avoir partagé chez

moi les travaux & la fatigue du jour,
m'abandonnoient généreusement leurs
honororaires. » Histoire de la Duchapt,
» célébre Marchande de modes. »

Je conduisois ainsi ma petite barque
à merveille, & j'étois à la veille d'aller
plus loin que la Paris, la Maupoint, la
Florence, lorsqu'un accident renversa
toute ma fortune. Je vivois avec un officier de Milice, qui s'étoit, dit-on,
reformé lui-même, & qui m'avoit pris
sous sa protection. Il n'avoit que le défaut de s'enyvrer & d'être un peu brutal
quand il avoit bû, à cela près, c'étoit
le meilleur enfant du monde, & pourvu
qu'on le laissat à table, on le ménoit
comme un mouton. Un jour il vint chez
moi des jeunes gens qui me furent en-
voyées par une femme du monde, dont
j'avois débauché une bonne pratique,

c'étoit un vieux Notaire très-riche &
qui payoit comme un Mylord pour être
amufé feulement. Ils étoientun régiment
en deux ou trois bandes. Je voulus d'a-
bord leur faire refufer la porte, ils forcerent le domeftique & fe mirent en pof-
feffion du logis : nous n'étions que des
femmes alors. Deux honnêtes eccléfiaf-
tiques, un directeur d'une communauté
& un célébre prédicateur, venoient
d'entrer, ils s'efquiverent à la vue de ces
libertains. La pétulente cohuë fut cho-
quée, dès qu'on eut fait difficulté de l'in-
troduire; je les ménaçai du commiffaire,
à peine eus-je prononcé le nom, qu'ils
s'attaquerent à mes meubles & fe mirent
à brifer tout ce qu'ils rencontrerent :
prieres, careffes, ménaces, rien n'ar-
rêtoit ces furieux. Un brutal fur quelques repréfentations que je voulus faire,
parce qu'il extramaçonnoit contre mes

glaces, tourna fa fureur contre moi, &
memit le vifage en pieces.

Mon pauvre officier de milice conduit
par fa mauvaife étoile arrive au milieu
de ce défaftre ; & comme il n'étoit pas
le plus fort, malgré l'état où il me
voyoit, il prenoit de lui-même le parti
de la conciliation : on le veut faire fauter
par la fenétre, avec les meubles qui
commençoient à prendre cette route. A
force de le harceler, il tire l'épée &
bleffe un jeune homme, trois autres
auffi-tôt tombent fur lui & le laiffent
étendu fur la place : voilà toute la maifon & le voifinage en rumeur. Que faire
dans cette extrémité ? Je ne penfe qu'à
mon falut, je prends fur moi ce que
j'avois d'argent, & me dérobe à la fa-
veur du tumulte ; le commiffaire & les
archers viennent, & l'on verbalife.

Je ne fai ce que devint cette affaire,

après m'être cachée pendant deux mois à l'extrêmité du Fauxbourg S. Jacques. Défigurée comme j'étois , je fis heureusement connoissance avec des dévotes du quartier , je les priai de me procurer quelque retraite honnête ; elles avoient des habitudes aux Carmelites , & me proposerent d'y entrer sur le pied de Touriere. Il en manquoit une , & ma mauvaise mine , caution de ma sagesse , n'effraya point ces bonnes filles. C'est là qu'à près de 45 ans, je passe tranquillement mes jours , & que je donne à Dieu les restes d'une vie fort inutile au monde. En vérité , ma chere sœur, vous ne pourriez jamais me reconnoitre, hélas ! c'est tout ce que je regrette que ma figure ; mon printemps étoit passé, je l'avoue ; mais pouvois-je m'attendre à voir si-tôt terminer ma carriere ?

F I N.

www.ingramcontent.com/pod-product-compliance
Lightning Source LLC
LaVergne TN
LVHW022312170726
843503LV00006B/2458